ÉTIQUETTE
ACCUEIL PHYSIQUE ET TÉLÉPHONIQUE

ISBN-13: 978-1511448901
ISBN-10: 1511448903

Publié par Ginette Salvas
www.ginettesalvas.com
www.etiquette-protocole.com

Ginette Salvas

ÉTIQUETTE
ACCUEIL PHYSIQUE ET TÉLÉPHONIQUE

Introduction

Ce livre s'adresse aux personnes qui entrent en contact direct avec les clients et qui désirent améliorer leurs compétences relationnelles.

Il devrait être remis à chaque employé qui travaille au téléphone, peu importe la place qu'il occupe dans la hiérarchie. Il contient une mine d'or d'informations et de détails dont personne ne peut se passer dans le monde compétitif d'aujourd'hui.

Pour vous

Réceptionnistes
Standardistes
Préposés à l'accueil
Secrétaires
Adjoints
Assistants
Gestionnaires
Responsables des formations en entreprises
Travailleurs autonomes
Chefs d'entreprises
Formateurs/Enseignants

Un mot de l'auteure

Le monde entier souffre d'un manque de civisme et de respect. Nos valeurs de base disparaissent; les agressions, les guerres et les conflits éclatent dans les écoles, sur la route, dans les entreprises et dans les familles. Pour des raisons obscures, certains pays entretiennent la guerre et l'esprit de vengeance. Les médias nous assaillent de mauvaises nouvelles et amplifient les événements en nous montrant les pires images. Où est allée notre éducation?

Dans ce modeste livre, j'aborde le sujet de la politesse lors de l'accueil d'invités dans vos entreprises ainsi que celui de la courtoisie au téléphone. Là aussi, la courtoisie et le respect laissent à désirer, et ce, pour de multiples raisons : manque d'intérêt, stress, préoccupations personnelles, manque d'éducation ou manque d'encadrement de la part de la direction.

Heureusement il existe encore des personnes soucieuses de freiner l'escalade de la médiocrité. J'espère que vous deviendrez le genre d'individu dont la mission sera de faire rayonner le respect, la politesse, la gentillesse autour de vous. Je m'adresse également aux parents, aux enseignants et aux dirigeants d'entreprise. Votre rôle est considérable dans notre société. Assumez-le!

Vos employés qui sont préposés à l'accueil sont importants, car ce sont les premières personnes que nous rencontrons lorsque nous nous présentons chez-vous ou encore ce sont avec eux que nous vivons nos premiers contacts téléphoniques. Dans la plupart des cas, ces employés, pourtant si importants pour rehausser l'image de marque de l'entreprise, ne reçoivent pas de formation spécialisée ni de directives claires de la part de l'employeur et ne sont pas encadrés adéquatement. Leur description de tâches reste trop vague.

Ils ne reçoivent aucune directive sur le code vestimentaire ou encore l'utilisation du tutoiement ou du vouvoiement. Devant autant de mollesse de la part de l'employeur, l'employé se débrouille tant bien que mal, autant en ce qui concerne l'aspect vestimentaire, le vocabulaire, l'attitude ou le comportement. L'employeur, quant à lui, se trouve dans une impasse et ignore comment exprimer son désarroi aux employés.

Le témoignage des employeurs qui misent sur la formation est édifiant. Le vocabulaire des employés change de façon positive et, par la suite, les gens semblent plus heureux au travail.

ACCUEIL PHYSIQUE

Cette page s'adresse tout particulièrement aux gestionnaires.

L'accueil étant l'interface entre l'entreprise et les visiteurs, il mérite d'être impeccable.

Lorsque les gens entrent dans votre entreprise, ils se forgent une opinion sur l'entreprise d'après ce qu'ils voient, entendent, sentent et touchent. En effet, quatre des cinq sens sont sollicités. Si vous leur servez une boisson insipide, le 5e sens vient confirmer ou infirmer les empreintes laissées par les quatre autre sens.

Nous travaillons tous dans une certaine routine et nous ne voyons plus certains obstacles susceptibles de miner la crédibilité des employés et de l'entreprise.

Posez-vous ces simples questions :
L'aire de réception est-elle propre et organisée?
L'air ambiant est-il pur et agréable?
L'endroit est-il calme et accueillant?
Les gens qui accueillent savent-ils donner la main adéquatement?

Je vous propose ce simple exercice.

Demain, entrez au bureau et soyez à l'affût de nouvelles sensations visuelles, olfactives et auditives.

Êtes-vous satisfait de ce que vous voyez, sentez et entendez?

Donnez la main et observez la façon qu'a chaque personne de donner la main.

Faites cet exercice avec vos employés et vos collègues.

Si vous êtes honnête dans votre évaluation, vous venez de réaliser ce que les visiteurs et les appelants voient et entendent lors de leur visite ou appel. Êtes-vous satisfait?

Les poignées de main

La façon dont vous serrez la main est déterminante. Les gens vous jugent beaucoup plus que vous ne le pensez en fonction de cette poignée de main. Il existe autant de types de poignées de main qu'il y a de pays.

Les différents types de poignée de main

• La poignée de main dite « sympathique ». Il s'agit de la poignée de main utilisée lorsque nous désirons témoigner de la sympathie envers une personne qui vit un événement tragique : décès d'un proche, annonce d'une maladie grave, congédiement, divorce. Pendant cette poignée de main, nous enveloppons la main de l'autre personne avec nos deux mains, en guise de compassion et de chaleur humaine. Ce type de poignée de main est souvent pratiqué par nos politiciens. Elle n'est pas idéale dans un contexte d'affaires.

• La poignée de main « poisson mort ou main molle ». J'espère que vous ne pratiquez pas ce genre de poignée de main, car elle dénote un manque évident de personnalité et de confiance en soi. Les gens qui n'osent pas prendre leur place agissent souvent de cette façon. Cette attitude lance un message négatif. Malheureusement ce type de poignée de main est généralement utilisé par les femmes. Elle n'est pas idéale dans un contexte d'affaires.

• La poignée de main dite « pompe à eau ». Ce type de poignée de main est généralement utilisé par certains hommes qui, dans un élan de confiance, nous secouent le bras de bas en haut comme s'ils pompaient l'eau d'un vieux modèle de pompe des années 40. Cet excès de convivialité peut paraître long pour la personne qui le subit. Elle n'est pas idéale dans un contexte d'affaires.

• La poignée de main dite « broyeur ». Ce type de poignée de main est utilisé généralement par les hommes. Ces derniers nous broient littéralement les os et ils semblent ignorer leur force. Certaines femmes l'utilisent également. À éviter.

• La poignée de main dite « dominatrice ». Elle est utilisée par les gens qui, inconsciemment j'espère, désirent prendre le contrôle de la situation. Ils tournent notre main pour que celle-ci se retrouve sous la leur. À éviter.

Les étapes d'une poignée de main franche et honnête :

1. L'expression faciale intéressée et sincère. Le sourire et le contact visuel.

2. La poignée de main des affaires dite « franche et honnête ».
On présente la main avec le pouce vers le haut. Pourquoi? Parce qu'il importe que les deux palmes qui relient le pouce à l'index s'emboîtent et se touchent.
De plus, les deux mains sont parallèles.
Les deux paumes se touchent.

Un geste rapide et une légère pression mettent fin au contact physique.

Ce type de poignée de main a également sa place dans la vie sociale.

3. L'accueil. En tendant la main, soyez prêt à vous nommer et à dire « bonjour ».

4. Attendez qu'un supérieur, un client ou un visiteur tende sa main avant de vous engager dans cette pratique. N'oubliez pas que certains visiteurs d'origine étrangère ne donnent pas la main aux femmes.

Qu'allez-vous changer dans votre façon de donner la main?

Quoi dire lors des présentations?

Lorsque vous vous présentez, vous dites tout simplement votre prénom et votre nom.

En réponse à la présentation de quelqu'un, vous pouvez ajouter : « Cela me fait plaisir de vous rencontrer monsieur Latour. » C'est une bonne façon de se souvenir des noms.

Lorsque vous présentez un client ou un visiteur à une autre personne, nommez-le en premier lieu.

Lorsque vous présentez des gens de la direction, nommez les gens selon leur rang dans la hiérarchie en premier lieu. La même règle s'applique aux femmes et aux hommes. En affaires, c'est le rang hiérarchique qui prévaut, le sexe n'a aucune d'importance. N'oubliez surtout pas que le client occupe le plus haut rang de la hiérarchie. Traitez les visiteurs de la même façon que les clients. Peut-être deviendront-ils clients un jour!

Quoi dire lorsque vous présentez les gens?
Dites : « Monsieur Latour (client), je vous présente monsieur Lafleur, le directeur du Service à la clientèle.

Évidemment, si vous occupez le poste de réceptionniste, vous n'avez pas à vous lever et à aller au-devant des visiteurs. Cependant, pour en être certain, vérifiez avec la direction. Si c'est le cas, vous remplacerez la poignée de main par votre sourire affable, accueillant et chaleureux.

Dans certains bureaux, il vaut mieux adopter une attitude de compassion plutôt que le sourire : maisons funéraires, assistance juridique ou autres endroits où le sourire serait perçu comme étant inadéquat. Évaluez la situation et discutez-en avec vos supérieurs. De même, lorsque vous répondez au téléphone dans ce type d'endroits vous ne devriez pas avoir le « Bonjour » trop joyeux mais utiliser plutôt un ton calme et accueillant.

Les habitudes internationales de serrer la main

Les Européens : Toutes les occasions sont bonnes pour se donner la main en Europe. C'est une façon de prendre contact avec les gens : en arrivant pour un repas ou en se quittant après, au bureau, dans la rue ou dans les entreprises. Dans un groupe, on donnera la main à la personne la plus âgée ou à celle qui occupe le plus haut poste. La personne la plus âgée ou occupant le rang le plus élevé tendra la main la première.

Les femmes se serrent la main. Il revient à la femme d'offrir sa main en premier lieu à l'homme. Si une femme d'affaires canadienne ou américaine ne se soumet pas à cette règle avec un Européen, elle perd sa crédibilité.

Les Arabes : Plus molle que la nôtre, leur poignée de main dure toutefois plus longtemps. Si on retire sa main trop vite, ce geste est considéré comme un manque de politesse et comme un refus. Par contre, il est possible qu'on évite de serrer la main des femmes.

Les Asiatiques : Ils serrent la main en la secouant une fois d'un geste ferme. Souvent la poignée de main est combinée avec la révérence. Il est également souhaitable de répondre par une révérence. Cependant, avant de s'aventurer à faire une révérence, il faut connaître la façon de faire et la signification de la profondeur du salut ou de la révérence.

Où que vous soyez dans le monde, il est impensable de ne pas serrer la main au début et à la fin d'une réunion d'affaires ou d'une rencontre sociale.

La nature humaine étant ce qu'elle est, les gens portent un jugement sur ce qu'ils voient, entendent et sentent. Il importe donc de donner une première bonne impression.

Vous me direz qu'il est injuste de se baser sur l'apparence d'une personne pour s'en forger une opinion. Je suis entièrement d'accord avec vous, mais c'est de cette façon que cela se passe dans la tête des gens. Les gens ne réagissent pas méchamment; cela se fait instinctivement.

QUESTION D'IMPRESSION

Comment se forme l'impression?

Voyons ce qui se passe dans le cerveau d'un individu lorsqu'il entre en contact avec votre entreprise et comment se forme son impression.

Nous remarquons ce qui suit :

1. Posture
2. Vocabulaire
3. Écoute
4. Ensuite l'individu se forge une impression.
5. Il tire des conclusions sur ce qu'il voit et entend.
6. Il interprète.
7. La première impression est imprégnée.
8. Est-elle exacte?

1. Les gens remarqueront votre posture et votre démarche. Voyons ce que dénotent cette posture et cette démarche : rigidité, énergie, négligence, paresse. Les gens aiment faire affaire avec des personnes dynamiques, ouvertes, serviables, disponibles.

Ils remarqueront également votre poignée de main. Celle-ci est-elle molle, timide, rigide, franche, autoritaire, tortionnaire ou est-elle franche, sincère et honnête?

Avec la poignée de main, ils apprécieront votre expression faciale. Comment la ressentiront-ils? Est-elle franche, sournoise, directe, souriante, insistante?

Votre regard est-il fuyant, direct, ennuyé, préoccupé, sincère?

2. Comment se porte votre vocabulaire est-il recherché, pauvre, mal adapté, limité? Utilisez-vous des mots vides de sens : ok, tsé, sérieux, comme, full, ouais, ouin?

3. Savez-vous écouter, poser des questions pour mieux comprendre? Faites la distinction entre « écouter » et « entendre », entre « entendre » et « comprendre ».

4. Et voilà que le cerveau traite, analyse et porte un jugement. C'est ainsi que l'impression se forge spontanément.

5. Les gens tirent alors des conclusions sur ce qu'ils voient et entendent, d'où l'importance d'une tenue vestimentaire irréprochable. Votre tenue vestimentaire est-elle : négligée, classique, osée, provocante?

6. Ils interprètent.

7. La première impression est enregistrée à tout jamais.

8. Est-elle exacte? Cela se confirmera ou s'infirmera à la longue, mais peu importe si les gens changent d'opinion, la première impression sera toujours présente à l'esprit.

Tous ces éléments représentent votre signature. Les gens vous jugeront et évalueront votre compétence et celle de vos employeurs sur ces points. Cela se fait sans intention, sans méchanceté; il s'agit d'un processus d'évaluation traité par le cerveau.

Pour que les résultats soient positifs, il faut donc se respecter personnellement et se faire respecter par nos collègues et nos supérieurs.

Ne vous laissez par envahir par un collègue ou un supérieur pendant que vous répondez à un visiteur ou au téléphone. Comment faire? Tout simplement, en faisant remarquer aux intrus que vous répondez au visiteur d'abord et que vous serez disponible pour eux après. Pourquoi laissons-nous les gens nous manquer de respect? Par gêne et par peur de se faire rabrouer? Vous seul le sait!

D'après un article publié dans le magazine français Management de juillet-août 2009, plusieurs personnes souffrent d'un mal, appelé « anxiété sociale » par les spécialistes. Il s'agit d'un mal relativement fréquent, puisqu'il touche 58 % d'entre nous. Il se manifeste par un malaise à entamer une conversation; par une hésitation à présenter les gens ou à se présenter à eux; par une difficulté à assister aux cocktails, aux rencontres professionnelles, voire aux réunions.

Pour se montrer efficace dans son travail, il faut connaître son rôle.

Le rôle d'un préposé à l'accueil

Les préposés à l'accueil (réceptionnistes, standardistes, hôtes) sont les premiers employés auxquels s'adressent les personnes qui visitent l'entreprise ou qui téléphonent. Ils doivent donc présenter une image impeccable en tout temps. Leur tâche principale consiste à acheminer les appels aux bons destinataires et à prendre les messages. Ils doivent mettre les visiteurs et les appelants à l'aise et faire en sorte que l'appel ou la visite soit agréable. Je pourrais comparer le rôle d'un préposé à l'accueil à celui d'un gentil organisateur de vacances, aussi appelé GO. Ces derniers sont embauchés pour leurs talents d'animateurs.

Les compétences nécessaires pour exercer cette fonction

- Aimer le public.
- Être attentif au langage non-verbal.
- Connaître et appliquer les règles de la politesse.
- Savoir répondre au téléphone avec intérêt et courtoisie.
- Avoir le sens de l'organisation.
- Savoir communiquer clairement verbalement et par écrit.
- Pouvoir travailler en collaboration avec les collègues.
- Posséder une bonne mémoire.
- Savoir gérer ses émotions et son stress.
- Connaître les attentes de son supérieur.

RÈGLES DE COURTOISIE AU BUREAU

L'environnement

Question - Que pensez-vous d'un collègue ou d'un patron qui envahit votre bureau pendant que vous êtes au téléphone?

Réponse - Envahir le bureau d'une autre personne est un geste impoli. Demandez toujours : « Est-ce un bon moment pour vous parler? » Si on a l'indélicatesse d'envahir votre bureau pendant que vous êtes au téléphone, mettez l'appelant en mode garde, regardez l'intrus et dites : « Me permettez-vous de terminer l'appel? Je vous ferai signe lorsque j'aurai terminé. » Si vous savez que l'appel est sur le point de se terminer, faites tout simplement un signe pour indiquer un instant. Ainsi la personne sera à l'aise d'attendre la fin de l'appel.

La sollicitation des sens

Les bruits (l'ouïe)

Êtes-vous conscient des bruits qui retentissent près de votre bureau? Vous êtes-vous déjà demandé comment les visiteurs les percevaient?

Ceci s'adresse aux collègues qui oublient de parler moins fort lorsqu'ils passent devant votre bureau. Baissez le ton lorsque vous approchez de l'aire de réception. Vous êtes peut-être très enthousiaste lorsque vous sortez d'une réunion ou d'une rencontre, mais ne vous laissez pas emporter par tant de joie, allez discuter dans un endroit plus discret. Pensez que le préposé à l'accueil éprouvera de la difficulté à continuer sa conversation et que l'interruption peut nuire à l'image de marque de l'entreprise.

Le poste de réception n'est pas non plus destiné aux potins entre collègues. Les échanges verbaux peuvent être positifs dans une équipe, mais soyez discret et choisissez vos sujets de conversations.

Les odeurs ou les parfums (l'odorat)

Quelles sont les odeurs dominantes dans votre environnement? De plus en plus de personnes sont allergiques aux parfums. Pourquoi? Parce que les parfums contiennent plusieurs ingrédients chimiques qui agissent comme des poisons sur le système respiratoire. Plusieurs employés souffrent de maux de tête, de sinusites, de conjonctivites, de maux de gorge et d'autres phénomènes du genre. Il faudrait porter une attention particulière à l'utilisation de parfums, de vaporisateurs, de chandelles parfumées. Optez pour des produits naturels et doux.

Que dire de la propreté des lieux (la vue et l'odorat sont alors sollicités)? La poussière représente aussi une source de réactions physiques non nécessaires. Pensez aussi à l'image qu'aura le visiteur si les lieux sont poussiéreux, encombrés et que les documents ne sont pas classés de façon organisée. Auriez-vous tendance à vous fier à ce genre d'entreprise?

Les salutations du matin et du soir

Question - Saluez-vous vos collègues à l'arrivée et au départ?

Établissez une relation agréable pour tous.
En arrivant, dites « Bonjour » et en quittant, « Bonsoir », peu importe l'échelon hiérarchique des gens que vous rencontrez.

Souvenez-vous de traiter les autres de la façon dont vous aimez être traité.

Si vous avez une quinte de toux, sortez du bureau.

Si vous éternuez, faites-le dans un mouchoir et évitez de répandre vos microbes.

Évitez les conversations personnelles.

Évitez les sobriquets, les surnoms.

Respectez la confidentialité

Abstenez-vous de participer à des conversations inutiles ou des critiques près du bureau de la réception, dans le métro, dans l'autobus, dans l'ascenseur, au restaurant, etc. Cela peut nuire à l'entreprise. Je suis certaine que vous avez déjà entendu ce type de conversation.

Les règles de politesse envers les supérieurs et les présentations

Les supérieurs hiérarchiques doivent donner l'exemple et connaître les règles du comportement ainsi que les manières sociales et professionnelles. C'est la raison pour laquelle la plupart des grandes entreprises possèdent un code d'éthique qui décrit les règles et les politiques de l'entreprise.

Au cours d'une réunion sociale dans laquelle supérieur et adjointe sont invités, tous traiteront l'employée comme une invitée au même titre que le supérieur.

Question : Vous êtes en présence d'un nouveau collègue et un directeur se joint à vous. Vous devez les présenter et vous ne savez pas trop comment agir. Qui nommez-vous en premier lieu?

Réponse : En affaires, c'est la hiérarchie qui compte, vous nommez le directeur en premier lieu. « Monsieur le directeur, je vous présente…, un nouveau collègue. »

Question : Vous êtes en présence d'un client et vous croisez un directeur. Vous voulez les présenter. Comment procédez-vous?

Réponse : En affaires, nous accordons la priorité au client ou au visiteur.
Vous direz : « Monsieur client, je vous présente, monsieur…, directeur de tel service. »

Question : Vous présentez votre conjoint à votre patron, comment le ferez-vous?

Réponse : Comme nous sommes dans un contexte d'affaires, vous nommez le patron en premier lieu : « Monsieur patron, je vous présente mon conjoint… »

Les formules de présentations

Question : Quels mots utiliser dans les formules de présentation?

Réponse : Utilisez simplement « Je vous présente… » ou « Permettez-moi de vous présenter... »
Préparez une réponse prête à être utilisée lorsqu'on vous présente.

Dans la vie sociale, on utilise des phrases telles que : « Ravi de vous rencontrer. », « Enchanté de vous rencontrer. »

En affaires, on utilise surtout : « Ça me fait plaisir de vous rencontrer, monsieur ou madame… (on prononce le nom de la personne pour mieux s'en souvenir) »

L'accueil performant

Les trois règles d'un accueil performant :
1) Rapidité
2) Courtoisie
3) Efficacité

Rapidité

Ne laissez pas attendre les gens. Annoncez rapidement leur arrivée. Si vous êtes déjà au téléphone, faites signe au visiteur, car bien souvent il est difficile de le constater, surtout si vous utilisez un casque. Utilisez le langage des signes. Si vous devez le faire, mettez l'appelant en attente et répondez au visiteur. Faites un suivi avec la personne qui recevra le visiteur si vous réalisez que celui-ci attend depuis plus de sept minutes. Tenez-le informé. Au téléphone, l'impatience commence à la troisième sonnerie. Un préposé à l'accueil répondra plus rapidement qu'un autre membre du personnel.

Courtoisie

Le sourire est une marque incontestée de courtoisie. Offrez un siège, une boisson au visiteur, aidez-le au vestiaire. En bref, agissez comme si le visiteur était la personne la plus importante à ce moment-là. Ne tutoyez pas une personne qui vous semble plus jeune que vous. Au téléphone, utilisez une formule convenue avec l'employeur. L'identification de la raison sociale ne doit pas être trop longue. Cependant elle doit être audible et joyeuse. Les collègues s'identifieront en déclinant leur prénom et leur nom suivi du mot « Bonjour ». N'oubliez pas de terminer l'appel sur une note positive par exemple, « Bonne journée. », « Merci de votre appel. »

Efficacité

Vous êtes considérée comme une personne efficace lorsque vous prenez le temps de bien accueillir le visiteur, de lui demander son nom, de le lui faire répéter si nécessaire, de prononcer son nom et de vérifier si vous le prononcez correctement. Ne provoquez pas en lui un sentiment de culpabilité s'il arrive trop tôt ou trop tard. Au téléphone, faites tout votre possible pour renseigner les appelants. Rédigez des messages complets et sans faute, faites épeler leur nom au besoin, faites le suivi avec les collègues qui ne rappellent pas rapidement.

Arrivée du visiteur

Accueillez les visiteurs avec le sourire. Si vous êtes déjà au téléphone, faites un signe pour vous faire comprendre. Si vous pensez que vous aurez bientôt terminé votre appel, levez l'index. Si vous croyez que l'appel peut prendre plus de temps, indiquez un siège avec votre main. Si la personne reste quand même debout devant vous, mettez l'appelant en mode « garde » et dites au visiteur : « Si vous permettez, je termine l'appel et je suis avec vous. »

Une fois que vous avez annoncé le visiteur, votre rôle ne s'arrête pas là. Veillez à ce que l'adjointe ou le supérieur avec lequel il a un rendez-vous ne l'oublie pas. Il est impoli de laisser attendre le visiteur sans l'informer de la raison pour laquelle il attend toujours. Si vous pensez qu'il a été oublié, appelez l'adjointe ou le supérieur et mentionnez que le visiteur attend toujours. Le seuil de tolérance de la personne qui attend est de courte durée.

Surveillez son langage non-verbal et vous constaterez peut-être son début d'impatience : croise les jambes, les décroise; regarde le journal et le remet sur la table; prend ses messages sur son téléphone portable; regarde l'heure.

Réagissez à ces signes, qui sont susceptibles de démontrer que les gens de la direction souffrent d'un mal flagrant : le manque d'organisation.

Une étude publiée dans le journal *Les Affaires* du 17 janvier 2009 affirme que la première raison pour laquelle les Canadiens font faux bond à un fournisseur est une attente trop longue. Au Canada, c'est la plus grande source d'insatisfaction.

Quelles sont les attentes des visiteurs?
L'attente des visiteurs est simple. Ils souhaitent être pris en charge, d'où votre rôle de gentil organisateur, communément appelé G.O. dans l'industrie du voyage. Les visiteurs veulent obtenir des réponses claires et faire affaire avec des gens compétents.

Comment améliorer ses capacités pour assurer un accueil de qualité?
Pour assurer un accueil de qualité supérieure, il est souhaitable que les adjointes vous informent des visiteurs attendus au cours de la journée.

Si vous êtes tenu au courant de l'agenda, vous pourrez accueillir le visiteur en disant :
« Bonjour monsieur Untel (visiteur), madame Larose vous attend, je l'informe de votre arrivée. »

Si vous informez l'adjointe, vous direz ceci :
« Bonjour Nicole (adjointe), monsieur Lafleur de la compagnie ABC est ici pour rencontrer madame Larose. »

Si vous informez madame Larose, vous direz ceci :

« Bonjour madame Larose, monsieur Untel est arrivé pour son rendez-vous avec vous. »

Il importe de nommer les gens.

Évitez des phrases comme : « Bonjour Nicole (adjointe). Il y a un monsieur pour ton patron à la réception. » Ou encore : « Nicole, il y a quelqu'un qui vient d'arriver pour madame Larose. »

Ce genre d'accueil fera la différence entre un accueil passable et un accueil professionnel.

Conseils importants :

1. Faites équipe avec les adjointes. Demandez-leur qui visitera leur supérieur immédiat durant la journée.

2. Demandez à vos collègues à l'interne de vous tenir informé de leur arrivée et de leur départ.

3. Ne laissez pas attendre le visiteur. Cela irrite les gens d'avoir à attendre plus de 10 minutes (MAXIMUM). Un tel retard dénote aussi un manque d'organisation. Si la personne qui doit recevoir le visiteur ne se présente pas ou ne vous donne pas signe de vie dans les 10 minutes, appelez l'adjointe et informez-vous de la raison du délai. À une certaine époque, il était bien vu de laisser attendre les gens. Plus les gens attendaient, plus cela faisait professionnel. Maintenant ce n'est plus le cas. Les gens sont pressés et ils s'attendent à un contact instantané.

4. Si le supérieur n'est pas prêt à recevoir l'invité, avertissez ce dernier du retard. Offrez-lui une boisson ou une documentation ou encore les documents pertinents à la rencontre ou les plus récents

magazines d'affaires. Le meilleur indice pour savoir si le visiteur s'impatiente est d'observer son comportement et son expression non-verbale. S'il regarde sa montre ou son téléphone, croise et décroise la jambe, prend un magazine et le remet en place, c'est un signe

d'impatience. Enfin, il vous montrera par ses gestes qu'il est fatigué d'attendre. Un gestionnaire bien structuré respecte son agenda. Cette ponctualité donne confiance aux gens et est synonyme de professionnalisme et de respect.

5. L'adjointe joue également un rôle important dans une situation de retard. Elle doit s'informer auprès de son supérieur et transmettre l'information à la réception. Traitez bien les gens et ils vous le rendront en retour.

6. Soyez discret lorsqu'il y a des visiteurs à la réception. Cachez les informations confidentielles et ne sortez pas de votre bureau.

7. En présence des visiteurs, vouvoyez-les toujours, de même que vos supérieurs.

8. Au départ, dites au revoir et remerciez l'invité de sa visite. Vous pouvez lui demander s'il a besoin d'un taxi. Assurez-vous que vos gestes démontrent de l'appréciation. La situation idéale serait que le patron lui-même s'occupe de ses invités à l'accueil et au départ, mais ce n'est pas toujours possible. Le départ est tout aussi important que l'arrivée. Ne le ratez pas!

LA VOIX

31

Connaissez-vous la qualité de votre voix?

Voici, comment améliorer la voix, le timbre et l'intensité.
Votre voix : un outil important pour votre travail.

En face-à-face, les mots comptent pour 10 %, l'intonation pour 20 %, les mimiques pour 70 %. Au téléphone, les mots comptent pour 30 %, l'intonation pour 70 %, les mimiques pour 0 % (à part le sourire qui s'entend).

La respiration

Pour avoir une belle voix, il faut y travailler. Comment? Tout simplement en apprenant à respirer. Vous me direz que vous savez respirez. D'accord, mais d'où part votre respiration? Du haut de la poitrine ou du bas-ventre? Comme la plupart des gens et la plupart du temps, nous respirons pour survivre, soit du haut de la poitrine. Essayez de respirer plus profondément.
Assoyez-vous confortablement, les deux pieds bien à plat sur le sol. Tenez votre dos droit.
Inspirez doucement par le nez et remplissez d'air votre bas-ventre le plus possible.
Expirez par la bouche en vidant lentement l'air situé dans le bas-ventre.
Recommencez l'exercice autant de fois que vous le désirez au cours de la journée.

Ces exercices auront une influence bénéfique sur votre santé et votre voix. C'est ce que les chanteurs, et plus spécifiquement les chanteurs d'opéra, pratiquent pour travailler leur voix. Il en résulte une voix posée et profonde.

La posture

La posture du corps représente un autre facteur important pour les gens qui passent beaucoup de temps au téléphone. Assoyez-vous en maintenant le bas du dos appuyé au dossier de la chaise, tenez le dos bien droit. Ne croisez pas les jambes, elles doivent reposer bien à plat sur le sol.

La projection de la voix

Apprenez à projeter votre voix. Choisissez un texte et récitez-le à voix haute. Articulez. Lorsque je prenais mes cours de diction, le professeur nous demandait de lire un texte d'une pièce de théâtre et nous faisait tenir un crayon entre les dents. Il fallait que la lecture soit audible. Si vous avez une enregistreuse, faites le test et évaluez votre performance.

L'intonation

Selon le ton que vous utilisez, vous pouvez avoir l'air empathique, confiant, bien informé, attentif, concentré, débrouillard ou, au contraire, condescendant, nerveux, ignorant, désintéressé, occupé, engourdi. Le ton que vous utiliserez augmente ou diminue votre crédibilité, votre pouvoir, votre degré d'intérêt envers l'entreprise, ses produits et ses clients.

Vous venez de vous fâcher avec un collègue et vous répondez au téléphone. Cela paraîtra dans votre voix. Pour éviter de vous trahir, prenez un temps d'arrêt avant de répondre au téléphone.

Un de vos collègues se tient devant vous et cela vous dérange. Si vous répondez au téléphone à ce moment précis, cela s'entendra dans votre voix. Prenez un temps d'arrêt avant de répondre.

Vous vous sentez bien et vous répondez sur un ton assuré. Cela s'entendra aussi et le résultat sera beaucoup plus heureux.

Que pensez-vous d'une personne qui vous répond d'une voix monotone? Ce n'est pas emballant. Jouez avec les modulations, mettez l'accent aux bons endroits. Quand vous dites Merci, accentuez l'intonation.

Le volume
Parlez-vous assez fort ou trop fort?
Demandez à vos collègues de vous téléphoner et faites le test. Ajustez le volume et tout ira bien.

Le débit
Parlez-vous trop vite ou trop lentement?
Si vous parlez trop vite, ralentissez le rythme. Parlez deux fois moins vite que lors d'une conversation normale.

Accrochez un vrai sourire à votre voix. Au téléphone, tout s'entend, même la gêne, la fatigue, la préoccupation ou le sourire.

PROTOCOLE TÉLÉPHONIQUE

Les dix règles de base du savoir-faire téléphonique

- Décrocher immédiatement.
- Accueillir avec le sourire.
- Soigner son expression et le ton de sa voix.
- Se présenter poliment.
- Identifier son interlocuteur.
- Poser les bonnes questions.
- Noter tout message utile.
- Reformuler.
- Noter les références téléphoniques.
- Assurer le suivi des appels.

La qualité du service
Savez-vous de quelle façon vous êtes perçu?
Lorsque vous répondez au téléphone au nom de votre entreprise, vous en acceptez la responsabilité à 100 %. Efforcez-vous de bien connaître votre travail et votre entreprise.

Établir un bon contact relationnel

Quelles sont les composantes d'une communication efficace?
- Développer l'écoute active.
- Reformuler les questions.
- Maîtriser le langage.
- Savoir dénouer les tensions.
- Gérer ses émotions.

Les trois principes de l'accueil téléphonique

Les 3 principes de l'accueil téléphonique sont les mêmes que pour l'accueil physique :

- Rapidité
- Efficacité
- Courtoisie

Les étapes d'un service téléphonique efficace

1. Créez une image positive au téléphone

Pour avoir du succès au téléphone et bien représenter son entreprise, il faut réunir les quelques paramètres suivants :

L'accueil au téléphone

- Donnez aux gens une raison d'aimer vous parler. N'oubliez pas que le client peut décider de faire affaire avec une autre entreprise. Il ne faut jamais sous-estimer l'importance de l'étiquette au téléphone.

- Exigez que l'endroit soit calme et silencieux. Répondez aussitôt que vous entendez la sonnerie. Cessez toutes activités et concentrez-vous sur l'appel. Lorsque vous êtes au téléphone, ne vous laissez pas interrompre par un collègue. Les premières minutes d'un appel sont déterminantes. Souriez : le sourire s'entend!

- Accueillez la personne qui appelle comme si elle se tenait devant vous.

- Comme les gens ne vous voient pas, vous devez donc porter toute votre attention sur vos paroles, le choix de vos mots et sur le ton que vous utilisez.

N'oubliez jamais que, lorsque le téléphone sonne, une personne attend une réponse au bout du fil.

• Vous êtes déjà au téléphone. Dites à votre interlocuteur : « Permettez-moi de répondre à un appel. » Prenez alors le second appel, écrivez les coordonnées de l'interlocuteur, proposez-lui de le rappeler et revenez immédiatement au premier appel. Lorsque vous revenez au premier appelant, dites simplement : « Merci d'avoir attendu. »

• La mise en attente des appelants. Personne n'aime attendre au bout du fil, mais la plupart des gens acceptent de le faire si on le leur demande d'abord et si on attend ensuite leur réponse. Remerciez toujours les gens d'avoir attendu avant de reprendre la conversation.

• Acheminer les appels. Si l'appelant désire parler à quelqu'un d'autre, informez-vous si la personne est disponible. Si elle ne l'est pas, prenez le message ou demandez à l'interlocuteur de laisser un message dans la boîte vocale de cette personne. Si vous n'êtes pas en mesure d'aider l'appelant, trouvez quelqu'un qui le fera. Informez l'interlocuteur que vous acheminez son appel et donnez-lui le nom de la personne à qui vous le transférez.

• Lorsque vous acheminez un appel, ne le faites pas trop rapidement, autrement vous couperez votre phrase.

• Ayez les outils nécessaires à votre disposition : agenda, stylo, papier. Il faut éviter de chercher ces objets et de laisser attendre les personnes qui appellent.

2. Établissez une bonne relation

• Assurez-vous de bien prononcer le nom de votre entreprise. Trop de personnes n'articulent pas suffisamment. Répondez «Bonjour », en faisant suivre le nom de votre entreprise. Le « Bonjour », c'est l'accueil.

• Utilisez des formules proactives au cours de la conversation :
« Comment puis-je vous être utile? »

• Demandez poliment le nom de l'interlocuteur : « Puis-je annoncer qui l'appelle? »

• Orientez l'interlocuteur vers un service plus compétent si vous ne pouvez pas répondre vous-même : « Si vous voulez attendre un instant, je vais acheminer votre appel au Service à la clientèle. »

• Si vous devez vous renseigner auprès de collègues, n'oubliez pas de mettre le téléphone en mode « garde » pour éviter que l'interlocuteur n'entende votre conversation à l'interne.

• Souriez au téléphone, c'est magique. N'oubliez pas que beaucoup de gestes s'entendent au téléphone : fouiller dans ses documents, manger, boire, taper sur son ordinateur, mâcher de la gomme, frapper sur le bureau avec son crayon.

• Accordez toute votre attention à votre interlocuteur. Écoutez attentivement. Ne lui coupez pas inutilement la parole. Si le client parle trop, dites simplement : « Permettez-moi de vous interrompre pour vous poser des questions? » En interrogeant votre interlocuteur, vous reprenez le contrôle de la conversation.

3. Le message

• Si vous appelez quelqu'un, annoncez d'abord votre nom, celui de votre entreprise et la raison de votre appel.

• Lorsque vous répondez, annoncez le nom de l'entreprise suivi ou précédé d'un « Bonjour ». Certaines entreprises ont supprimé le « bonjour » en prétendant gagner du temps. Il faut être conscient que ce n'est pas une façon de se rapprocher des gens.

• Parlez lentement d'une voix ferme et assurée. Au téléphone, il faut parler plus lentement que lors d'une conversation en face à face.R alentissez votre débit normal.

• N'hésitez pas à faire répéter le nom ou à demander de l'épeler si vous avez mal compris.

• Ne demandez pas « C'est de la part de qui? (signifie : Êtes-vous important?) », mais plutôt « Qui dois-je annoncer? » ou « Qui le demande? »

Si vous pensez reconnaître la voix, ne prenez pas le risque de vous tromper, dites plutôt : « Pouvez-vous me rappeler votre nom? »

Si la personne refuse de donner son nom et vous répond « c'est personnel », dites : « Je me permets d'insister, car monsieur Untel souhaite que je lui annonce ses correspondants. Puis-je lui dire qui l'appelle? »

C'est à vous de poser des questions, n'hésitez pas à le faire.

• Remplacez la formule « Ne quittez pas » par « Merci de garder la communication ».

4. Les formules magiques :
- Si vous permettez…
- Permettez-moi…
- Puis-je…
- Merci de votre appel.
- N'hésitez pas…
- Nous apprécions vous avoir comme client…
- Cela me fait plaisir de vous parler.

Utilisez le vocabulaire ci-dessous. Mettez l'accent au bon endroit.
« Merci de votre appel; nous sommes heureux de pouvoir vous aider. »
« Bonjour, c'est un plaisir de vous revoir. »
« Merci de nous faire confiance. »
« Permettez-moi de répondre à un appel. »
« Puis-je vous interrompre pour vous poser plus de questions? »
« Qui dois-je annoncer » ou « Qui le demande? »
« Pouvez-vous me rappeler votre nom? »
« Je me permets d'insister, car monsieur Untel souhaite que je lui annonce ses correspondants. Pouvez-vous me rappeler votre nom? »
« Un moment, je vous prie. »
« Un instant, s'il vous plaît. »

5. Uniformisez les réponses au téléphone

Nous prenons pour acquis que les gens savent répondre au téléphone. Ce n'est pas le cas. Pensez à former les nouveaux venus ou les stagiaires. Donnez-leur des phrases types.

6. Des petites règles à ne pas négliger :

- Remerciez toujours l'appelant à la fin de la conversation.
- Répétez son nom au cours de la conversation.
- Baissez le ton si l'appelant s'emporte.
- Tenez l'appelant informé de ce que vous faites, en expliquant : « Je prends des notes pendant que vous parlez. » Rassurez-le.
- Ne promettez pas au nom d'une autre personne.
- Terminez sur une note positive.
- Ne transférez pas un appel de plainte dans une boîte vocale, inscrivez tous les détails.

7. Les appelants n'aiment pas :

- la mise en attente, car elle représente leur plus grande hantise;
- que le téléphone sonne trop longtemps;
- parler à un préposé qui ignore à qui acheminer les appels;
- se faire interrompre;
- entendre la boîte vocale d'une entreprise durant les heures normales de travail;
- attendre trop longtemps (plus d'une minute);
- que l'on ne réponde pas à leurs appels. Vous avez quatre heures pour le faire.

Situez les gens :
« Monsieur… est à l'extérieur du bureau aujourd'hui. »

Donnez la disponibilité :
« Monsieur… est en réunion présentement, jusqu'à 16 h. Désirez-vous laisser un message? »

Indiquez votre nom :
Cela rassure les gens.

Dites votre rôle :
« Je suis l'adjointe de… » ou « Je suis (votre nom)… la réceptionniste. »

ÉVITEZ CES FORMULES	DITES PLUTÔT
Le problème - Vous augmentez la colère du client.	La situation - Effet calmant.
Vous êtes? - Manque d'intérêt.	Puis-je connaître votre nom?- Marque d'intérêt.
Monsieur comment déjà? Mauvais choix de mots.	Pouvez-vous me rappeler votre nom? - Bon choix de mots.
Avez-vous un rendez-vous? Accusateur.	À quelle heure est votre rendez-vous - Intérêt.
Gardez la ligne. Anglicisme.	J'achemine votre appel ou je vous le passe.
Il y a quelqu'un sur la ligne. Anglicisme.	Il ou elle est déjà au téléphone. Bon français.
Quelqu'un d'autre sur la ligne Anglicisme.	Quelqu'un d'autre est à l'écoute. Bon français.
Ma petite madame - Diminutif insultant.	Le nom de l'appelant. - Marque d'intérêt.
Il n'est pas revenu de son lunch. Mauvaise phrase.	Il ne devrait pas tarder, puis-je prendre votre message ou désirez-vous laisser votre message dans sa boîte vocale?
Ne vous fâchez pas. Augmente la colère du client.	Je vous comprends. - Empathie.
Je ne peux pas. Manque d'intérêt.	Je pourrais - Serviabilité.
Je ne suis pas au courant. Manque d'intérêt.	Je vais m'informer. - Serviabilité.
On n'a jamais fait ça ici. Manque d'intérêt et d'initiative.	Il y a sûrement un moyen de faire. - Serviabilité et marque d'intérêt.

Personne ne se plaint de cela. Ignorance.	Merci de nous informer. - Serviabilité.
Je ne vois pas le problème. Ignorance.	Je vous écoute. - Bon sens de l'écoute.
Je regrette, je m'excuse, excusez-moi. - Mauvais choix de mots.	Je suis désolé - Sous-entend : « Je n'ai pas commis d'erreur personnellement, mais je vous comprends. »
Vous devez - Autoritaire.	Nous demandons à nos clients. Formule de politesse
Ce n'est pas de ma faute. - Sur la défensive.	Je suis désolé - Sous-entend : « Ce n'est pas de ma faute. »
Qui l'appelle? Trop direct.	Qui dois-je annoncer? Beaucoup mieux.
Ça ne sera pas long. Mauvais choix de mots.	Un moment je vous prie ou un instant s'il vous plaît - Meilleur choix.

Vous servez-vous du code international d'épellation? Vous trouverez ce code sur le Web, en écrivant code international d'épellation dans votre outil de recherches. Utilisé internationalement par l'aviation, l'armée, la marine et d'autres organisations, ce code présente une image professionnelle.

LE LEXIQUE TÉLÉPHONIQUE

L'ACCUEIL
Si vous répondez pour l'entreprise :
Entreprise ABC, bonjour!

Si l'entreprise possède un système de réponse automatisé :
Réception, bonjour! (ne répétez pas le nom de l'entreprise)
Réception, Louise Aimable!

Si vous répondez pour votre service :
Service à la clientèle, Jean Latour.

Si vous répondez à votre poste :
Louise Aimable, Direction des communications.
Louise Aimable, bonjour!

Si vous répondez pour quelqu'un d'autre :
Bureau de Jean Latour, Louise Aimable au téléphone.
Louise Aimable, pour Jean Latour.

LES QUESTIONS
À qui désirez-vous parler?
Connaissez-vous le nom du préposé?
Puis-je parler à…
Qui dois-je annoncer s'il vous plaît?
Puis-je lui dire qui l'appelle?
À qui désirez-vous parler?
Puis-je vous demander votre nom s'il vous plaît?
Puis-je connaître l'objet de votre appel?
Puis-je vous aider?
Pouvez-vous épeler votre nom s'il vous plaît?
Pouvez-vous répéter s'il vous plaît?

Pouvez-vous parler plus fort?

Pouvez-vous parler plus lentement?

Voulez-vous parler à son adjointe?

Je vous le passe ou Je vous communique. N'utilisez pas : « C'est de la part de qui? » (sous-entendant : « Êtes-vous important? »)

N'utilisez pas : « Vous êtes? », « Qui l'appelle? », « Qui parle? » Et encore moins : « C'est quoi votre nom? »

ABSENCE

Elle est absente pour quelques instants.

Elle est en congé.

Elle est en réunion.

Elle est sortie.

Elle s'est absentée.

Elle est à l'extérieur de la ville.

Elle est absente.

Il a déjà quitté le bureau.

Il vient tout juste de partir.

Madame .... est en voyage d'affaires.

Elle sera de retour à 16 h.

Voulez-vous que je lui demande d'appeler?

Je lui demanderai de vous appeler dès son arrivée.

Voulez-vous laisser un message dans sa boîte vocale?

Enlever les phrases contenant des négations.

PRÉSENT MAIS NE PEUT PAS RÉPONDRE

Désolé, monsieur .... est déjà au téléphone.

Il est déjà au téléphone.

Il est en réunion présentement.

Il est avec un client.

Voulez-vous parler à son adjointe?

Je vais voir si quelqu'un d'autre peut vous renseigner.

Puis-prendre un message?

Voulez-vous laisser un message?

FAIRE ATTENDRE

Le poste est occupé, souhaitez-vous attendre?
Il est déjà au téléphone, désirez-vous attendre?
Voulez-vous patienter s'il vous plaît, je vais voir s'il est libre?
Désolé de vous faire attendre.
Elle arrive vers 10 h.
Merci d'avoir patienté.

AUTRES PHRASES

De rien.
Je vous en prie.
Il n'y a pas de quoi.
On vous appelle de l'étranger.
On vous demande au téléphone.
Qui dois-je contacter?
Je lui remettrai le message.
Pourriez-vous me dire de quoi il s'agit?
Un instant s'il vous plaît.

Je suis désolé.
Lorsqu'on vous demande, répondez simplement : « C'est moi. »

Les messageries vocales et les systèmes de réponse automatisée

1. Enregistrez clairement vos messages. Parlez lentement.

2. Laissez des messages précis.

Laissez un message qui est clair avec votre nom, le nom de l'entreprise, votre numéro de téléphone (même si vous savez que la personne le connaît) et, finalement, la raison de votre appel. Ne demandez pas aux gens de vous rappeler si cela n'est pas nécessaire (date de réunion reportée). Vous donnez l'information, c'est tout. Laissez votre nom et votre numéro de téléphone au complet au début du message et à la toute fin.

3. Changez vos messages en cas d'absence

Exemples de messages :

« Ici Ginette Salvas. Je serai absente jusqu'au lundi 8 novembre inclusivement. Veuillez laisser un message. Je prends mes messages à distance. Vous pouvez également communiquer avec Gisèle Latour, au poste... »

« Ici Ginette Salvas. Je suis en vacances jusqu'au lundi 8 novembre inclusivement. Pour toute question concernant votre dossier, vous pouvez communiquer avec Gisèle Latour, au poste... »

« Vous avez joint la boîte vocale de Ginette Salvas. Je suis actuellement en réunion, et ce, jusqu'à 16 heures. Veuillez laisser un message et je vous appellerai dans les meilleurs délais. »

CONNAISSANCE DE SOI ET DES AUTRES

Avant de comprendre les autres, il faudrait commencer par vous connaître vous-même. Je vous propose un concept basé sur quatre couleurs. Ce concept est efficace car il a fait ses preuves. Il est basé sur une science aussi ancienne que la médecine.

Il permet de mieux se connaître, de se comprendre, de mieux connaître et comprendre les autres.

Ces connaissances vous permettront d'augmenter votre flexibilité et de mieux vous adapter aux gens et aux situations personnelles et professionnelle.

Ceci est un outil de mesure par les couleurs qui vous aidera dans votre questionnement.

J'ai eu la chance de m'initier à ce principe lors d'une formation suivie aux États-Unis en 1985. Je dois dire que cela m'a fait voir les gens d'une autre façon. Cela m'a fait réaliser que les gens étaient différents, que ma façon de penser, de négocier, de conclure n'était pas la même pour tous. En pratiquant cette méthode avec mes collègues, clients, amis, famille, j'ai amélioré mon approche avec autrui et cela m'a permis une communication beaucoup plus heureuse et productive.

Il existe d'autres mots pour décrire les quatre grands types de personnalités. L'utilisation de ces profils remonte aussi loin qu'au temps d'Hippocrate, considéré comme le père de la médecine, et de Gallien qui fut un empereur romain. Au 18e siècle, les médecins se servent de ces connaissances pour soigner. Dans les années 80, on applique celles-ci à la communication entre humains et on leur donne des qualificatifs différents et modernes.

Hippocrate Gallien	Médecins 18e siècle	Couleurs	Integrity System*	Mots clés
Sanguin	Mobile	Jaune	Causeur	Énergie
Bilieux	Réalisateur	Rouge	Performant	Action
Atrabilaire	Penseur	Bleu	Contrôleur	Analyse
Lympha-tique	Sédentaire	Vert	Travaillant	Support

*Ron Willigham chairman of Integrity Systems et également mon professeur.

Qui êtes-vous?

Vous êtes unique. Vos forces et vos faiblesses constituent votre personnalité. Il est donc impossible d'appliquer une formule unique à l'ensemble des êtres de cette planète. Ceux qui ne reconnaissent pas l'individualité sont incapables de comprendre pourquoi des personnes qui assistent au même séminaire, qui écoutent le même conférencier, pendant le même laps de temps, en retirent des résultats différents.

Nous naissons avec des caractéristiques qui nous distinguent de nos frères et soeurs. Au cours des années, des gens nous ont modelés, sculptés, perfectionnés et polis, bien souvent à leur image, négligeant de faire ressortir l'essence même de chaque individu.

Jusqu'à l'âge de 10 ans, nous utilisions 10 % du côté gauche de notre cerveau (le savoir) et 90 % du côté droit (la créativité). Nous avons, pour la plupart, été victimes d'une « instruction frelatée » et du « faux savoir ». Après l'école et la manipulation (bien involontaire soit-elle), le contraire se produit. Nous utilisons 90 % du côté gauche de notre cerveau (le savoir) et 10 % de notre côté droit (la créativité).

Nous sommes tous nés avec nos traits de personnalité propres. Ils constituent notre matière première, la pierre dans laquelle nous sommes taillés. Beaucoup de facteurs peuvent modeler notre personnalité : les circonstances, notre quotient intellectuel, le pays dans lequel nous sommes nés, son niveau économique, l'environnement et l'influence de nos parents.

Mais la pierre sous-jacente dans laquelle nous avons été sculptés reste immuable. N'essayez surtout pas de changer les autres. C'est une mission bien noble mais désespérée.

Yin ou Yang?

Avons-nous plus de yin que de yang?

Sommes-nous plus introverti qu'extraverti?

Sommes-nous plus proactifs que réactifs? Qui sommes-nous vraiment?

Connaissons-nous nos amis, nos collègues, nos parents?

Yin = Introverti, vert, bleu.

Yang - Extroverti, jaune, rouge.

Veuillez remplir le test de la page suivante le plus honnêtement possible. C'est avec ces résultats que vous serez en mesure de connaître vos points forts et vos points faibles.

JAUNE	ROUGE
Extroverti	Extroverti
Aime les gens	Aime les résultats
Animé	Détendu
Expansif	Ambitieux
Enthousiaste	Énergique
Raffiné	Extravagant
Confiant	Déterminé
Sociable	Agressif
Optimiste	Impatient
Spontanné	Décisif
Chaleureux	Distant
Entraînant	Meneur

VERT	BLEU
Introverti	Introverti
Émotif	Réservé
Routinier	Dépendant
Détendu	Calme
Médiateur	Penseur
Possessif	Ordonné
Prévisible	Prudent
Compréhensif	Exigeant
Patient	Hésitant
Posé	Systématique
Stable	Précis
Perfectionniste	Équilibré

Remplissez votre profil

1. Lisez les colonnes de la page précédente.
2. Encerclez le ou les mot(s) qui vous décrivent le mieux.
3. Faites le total de chacune des colonnes à la verticale.
4. Inscrivez les résultats.
5. Consultez les pages de votre couleur dominante.
6. Consultez les pages de votre deuxième couleur importante.
7. Vous aurez une bonne idée de votre profil.
8. Servez-vous de ce questionnaire pour analyser les gens qui vous entourent pour améliorer vos communications, négociations, ventes, etc.

_____Jaune _____Rouge _____Vert _____Bleu

PERSONNALITÉ DU JAUNE

ÉNERGIE : EXTRAVERTI, LOQUACE, OPTIMISTE

SES ÉMOTIONS : personnalité attirante, esprit de curiosité, facilité d'adaptation, sens de l'humour, mémoire visuelle, talents artistiques, sincère, loquace, boute-en-train, enjoué, débordant de vie, aime qu'on l'écoute, émotif, garde l'émerveillement de l'enfant.

SON TRAVAIL : aime se porter volontaire et concevoir de nouvelles activités, sait se montrer à son avantage, aime la fantaisie et le tape-à-l'oeil, déborde d'énergie et d'enthousiasme, démarre ses projets en trombe, rallie le monde à sa cause, se sert de son charme pour inciter les autres à endosser sa façon de penser.

SES AMIS : se lie facilement d'amitié, raffole des gens, adore les compliments, dégage une personnalité attachante, suscite l'envie des autres, n'est pas rancunier, aime les sorties en groupe et sait s'amuser.

MOTIVATION : le charme, l'élégance, l'éloquence, la personnalité et l'image projetée, l'aisance financière.

SES PEURS ET SES INQUIÉTUDES : conflit, confrontation, chicane.

SES AGISSEMENTS SOUS PRESSION : devient émotif, parle beaucoup, vite et fort, rougit.

COMMENT LE RECONNAÎTRE RAPIDEMENT :
Parle et pense vite, pressée, ton amical. Ses pensées sont plutôt désorganisées. Démarche volontaire et rapide.

PERSONNALITÉ DU ROUGE

ACTION : EXTRAVERTI, EXÉCUTANT, OPTIMISTE

SES ÉMOTIONS : aime diriger, dynamique et énergique, sens inné de la justice, déterminé et décisif, impassible, courageux, autonome et indépendant, sûr de lui, peut diriger n'importe quel projet.

SON TRAVAIL : ambitieux, sait analyser les situations, sait s'organiser, cherche des solutions, agit rapidement, sait déléguer, aime la performance, atteint ses objectifs, favorise l'action, aime surmonter les obstacles.

SES AMIS : a très peu d'amis. Fidèle en amitié. Aime diriger, organiser, avoir raison et ne panique pas dans les cas d'urgence.

MOTIVATION : le pouvoir, l'autorité, la confiance, les diplômes, les possessions.

SES PEURS ET INQUIÉTUDES : injustice, manque de transparence.

SES AGISSEMENTS SOUS PRESSION : devient rigide, tranchant, intransigeant.

COMMENT LE RECONNAÎTRE RAPIDEMENT :
Parle vite et pense vite. Ton ferme et directif. Ses pensées sont organisées. Démarche volontaire et assurée.

PERSONNALITÉ DU VERT

INTROVERTI, OBSERVATEUR, PESSIMISTE

SES ÉMOTIONS : discret, accommodant, décontracté, calme, maître de lui, patient, équilibré, routinier, silencieux, plein d'esprit, ne laisse pas paraître ses émotions, semble bien dans sa peau.

SON TRAVAIL : compétent, appliqué, paisible, aimable, poli, bon administrateur, bon médiateur, évite les conflits, travaille bien sous pression, trouve des solutions directes.

SES AMIS : s'entend bien avec les autres, se montre aimable, doux, sympathique, sait écouter, humoriste à ses heures, observe, a beaucoup d'amis, aime les gens.

SES MOTIVATIONS : le sens de l'organisation, les procédures, la stabilité, l'assurance.

SES PEURS : nouveauté, changement, erreur.

SES AGISSEMENTS SOUS PRESSION : devient indécis, ne sait plus où donner de la tête, perd ses moyens.

COMMENT LE RECONNAÎTRE RAPIDEMENT : parle lentement, indécis, incertain, a peur de déranger. Ses pensées sont confuses. Démarche ralentie, indolente.

PERSONNALITÉ DU BLEU

INTROVERTI, PENSEUR, ANALYTIQUE

SES ÉMOTIONS: profond et attentionné, analytique et résolu, intelligent, génial, talentueux, créatif, attiré par l'art et la musique, philosophe, poète, apprécie la beauté, sensible aux autres, esprit de sacrifice, consciencieux, idéaliste.

SON TRAVAIL : respecte les échéances, perfectionniste, excellent sens du détail, persévérant et minutieux, méthodique et organisé, soigné et ordonné, économe, résout les problèmes de façon créative, termine ce qu'il a commencé, aime les tableaux, les graphiques, les statistiques, les chiffres et listes.

SES AMIS : réservé, demeure dans l'ombre, n'attire pas l'attention, fidèle, dévoué, sait écouter, résout les problèmes, intéressé aux autres, compatissant, recherche la perfection.

SES MOTIVATIONS : les statistiques, les faits, l'ordre, l'organisation, la logique.

SES PEURS : erreur, désordre, incompréhension.

SES AGISSEMENTS SOUS PRESSION : il se ferme, devient critique, sarcastique, démoli.

COMMENT LE RECONNAÎTRE RAPIDEMENT :
parle lentement d'une façon réfléchie. Ses pensées sont organisées et précises. Démarche lente et réfléchie.

CONSEILS PRATIQUES

Avec une personnalité Jaune, soyez amical et loquace. Amusez-vous mais n'oubliez pas de conclure la conversation. On reste amical avec ce type de personne et on termine une conversation sur une note joyeuse.

Avec une personnalité Rouge, soyez organisé, bref, précis. Tenez-vous informé et ne vous perdez pas en bavardage. On impose rien à ce type de personne. On reste poli avec ce type de personne et on termine une conversation avec assurance.

Avec une personnalité Verte, montrez-vous amical, intéressé, bavard, prenez le temps, ne soyez pas pressé, respectez ses hésitations. On demeure rassurant avec ce type de personne et on termine une conversation avec compréhension.

Avec une personnalité Bleue, soyez très bien structuré, prêt à répondre aux questions, donnez-lui le temps d'analyser la situation et une période de réflexion. On demeure disponible avec ce type de personne.

Avec une certaine pratique, vous serez en mesure d'identifier qui est au bout de la ligne ou devant vous. Dites vous que tous les humains ne sont pas pareils. Entrez dans le territoire de l'autre pour mieux communiquer. C'est un super exercice!

UN CLIENT IMPOLI

Comme vous le savez, de nos jours, obtenir un bon service à la clientèle est plutôt rare.

Si le client a vécu des mauvaises expériences par le passé, il sera méfiant dès le départ et il peut arriver que certains interlocuteurs soient impolis et même agressifs. Comment agir dans de telles situations? Ces comportements peuvent affecter votre qualité de vie, votre humeur et votre rendement.

Ne subissez pas la situation. Agissez en personne responsable.

- Restez calme afin d'éviter l'escalade et de cette façon vous garderez la maîtrise de la situation.

- Donnez le temps au plaintif de s'exprimer.

- Apprenez à poser les bonnes questions.

- Trouvez les raisons pour lesquelles le plaintif est en colère.

Les raisons sont généralement les mêmes.
1. Impatient d'attendre.
2. Souhaite retourner des produits.
3. Mécontent du service.
4. Conteste le prix.
5. Il a reçu des mauvaises informations.

Quel est le résultat?

- Il se montre agressif.
- Il fait part de son mécontentement.
- Il cherche le conflit.

Je vous suggère trois comportements à utiliser dans de telles circonstances.

Comportement 1

Évaluez le danger.
Êtes-vous en danger?
Gérez votre émotion et amenez le client à l'étape suivante en lui demandant d'éclaircir la situation.

Comportement 2

Éclaircissez la situation.
Questionnez le client.
Recadrez.
Écoutez le grief.
Reconnaissez son insatisfaction.
Parlez son langage.
Parlez au nom de l'entreprise.
Restez poli.
Résumez la situation.

Comportement 3

Présentez une solution favorable pour les deux parties.
Vérifiez si le client est satisfait.
Développez une relation de confiance.

Le danger est élevé si l'appelant crie, hurle, parle fort et de façon saccadée, utilise des jurons, utilise des propos inadéquats, parle vite, vous menace. Avez-vous des directives claires de la part de votre employeur?

Que faire?

- Acceptez sa colère.
- Identifiez ses émotions.
- Restez à l'écoute de votre ressenti.
- Respirez.
- Laissez l'appelant ou le visiteur s'exprimer.
- Levez-vous si nécessaire! (oui ça marche)
- Une fois la relation établie, prenez une voix calme, confiante et posée.

Ne dites pas :

- Ce n'est pas de ma faute.
- Je ne vois pas le problème.
- Pour être honnête avec vous...
- Vous faites erreur.
- Vous avez mal compris.
- C'est la politique de la compagnie.
- Calmez-vous, sinon je devrai raccrocher.

Utilisez plutôt des phrases comme celles-ci :

Désolé: « Désolé, si on vous a donné la mauvaise information. Je comprends pourquoi vous êtes déçu. »

Empathique : « Je comprends comment vous vous sentez. »

Responsable : « Voyons comment nous pourrions vous aider. Je suis… puis-je transmettre votre message au directeur du Service à la clientèle? »

Efficace : « Merci de votre appel, soyez assuré que monsieur le directeur s'occupera de vous. »

Les différents types de clients impolis

1. Les lents (les verts et les bleus) :

Lorsque l'interlocuteur n'arrive pas à exprimer rapidement la raison de son mécontentement, soyez direct : « Qu'est-ce que vous voulez dire? Comment puis-je vous aider? »

2. Les verbaux-moteurs (les jaunes) :

Lorsqu'il parle sans arrêt, interrompez-le et dites : « Monsieur ou madame… je ne crois pas pouvoir vous aider, permettez-moi d'acheminer votre appel au département… ou à la personne… qui pourra vous aider beaucoup mieux que moi. » Même si les transferts d'appels ne sont pas souhaitables, dans des situations tendues, il vaut mieux acheminer l'appel.

Lorsque la conversation devient interminable, prenez l'initiative de prendre la situation en main en demandant : « Monsieur ou madame…, permettez-moi de résumer la conversation. »

3. Les gens qui cherchent à vous intimider (les rouges) :

Ces personnes qui vous insultent peuvent être assez imprévisibles. Si vous vous sentez en danger, pensez à vous protéger. Allez chercher un responsable. Si vous dites « Monsieur ou madame, votre comportement est totalement incorrect », vous activez la flamme et la personne peut devenir encore plus menaçante.

S'il devient grossier, c'est qu'il se sent frustré et ne connaît qu'une forme d'expression, la grossièreté ou la colère.

Si la situation est tendue, écoutez simplement ses propos attentivement. Résumez la situation, montrez que vous êtes sensible à ses difficultés et remerciez-le de vous avoir informé de son mécontentement. Oui, oui, vous avez bien lu.

Bien souvent, la conversation se terminera comme cela : « Désolé de vous avoir parlé comme cela, c'est que je suis tellement déçu. »

La plupart des appelants qui se montrent grossiers savent qu'ils sont en train de vous atteindre et que leur comportement est incorrect. Ils savent aussi que cela fonctionne et ils ne connaissent pas d'autres moyens de s'exprimer. Faites-leur comprendre que vous souhaitez les aider à résoudre la situation mais que leur attitude ne vous facilite pas les choses.

Retenez cette phrase
Dites par exemple : « Monsieur, je veux vraiment trouver la meilleure solution possible, mais quand vous me parlez ainsi, j'ai de la difficulté à réfléchir. »

De cette façon, vous mettez l'accent sur votre volonté de résoudre la situation plutôt que sur l'attitude de votre client.

Vous aurez compris lorsque les gens impolis et agressifs se calmeront grâce à votre intervention et parfois même s'excuseront de leur comportement.

Conseils généraux :

• Mettez les gens à l'aise.

• Soyez à l'écoute. Le client n'est pas prêt à entendre ce que vous avez à dire.

• Assurez-vous qu'il a été entendu et compris.

• N'essayez pas de vous justifier.

• Essayez de comprendre ce qui ne va pas.

• Mettez-vous à la place de l'autre.

• Quand l'appelant hausse le ton, prenez une grande respiration et pensez avant de répondre.

• Ne faites jamais perdre la face au client mécontent.

• Prenez le prénom, le nom, le nom de l'entreprise, le numéro de téléphone (la fonction si nécessaire).

• Ne soyez pas gêné de faire épeler le nom si vous avez mal compris.

• La meilleure façon de calmer les gens consiste à répéter leur nom.

• Rappelez dans les heures qui suivent : 4 heures maximum.

• Appelez seulement si vous avez une bonne raison.

• Planifiez vos appels.

- Annoncez rapidement le but de votre appel.

- Soyez bref et précis.

- Si la communication est coupée, rappelez immédiatement.

- Souvenez-vous que c'est toujours la personne qui appelle qui met fin à la conversation.

- Raccrochez doucement le combiné.

- N'appelez jamais avant 8 h ou après 21 h ni aux heures des repas.

- Fermez votre téléphone cellulaire lorsque vous êtes en réunion ou dans un lieu public.

- Tenez vos promesses. Lorsque vous mentionnez à votre interlocuteur que vous vous occupez d'un dossier et que vous lui donnerez des nouvelles à telle heure ou à telle date, respectez votre parole.

- Les bonnes manières au téléphone contribuent à l'image de l'entreprise. L'utilisation du téléphone est simple : en fait, il s'agit d'appliquer la même courtoisie que celle que vous appréciez chez les autres.

Les cinq principes de la communication efficace

- Soyez le plus précis possible dans la communication.
- Exprimez clairement le message que vous voulez transmettre.
- Assurez-vous que les gens captent bien votre message.
- Permettez-leur de vous transmettre leur message.
- Captez et comprenez ce qu'ils disent.

N'interprétez pas les mots des autres, approfondissez les choses, videz le sujet.

Ne prenez pas pour acquis que les gens ont compris.

Pourquoi? Parce que les gens ont des filtres et que, parfois, l'information ne passe pas.

Une communication sans conflit

- Utilisez des mots clairs et précis.
- Si vous utilisez des termes propres à votre entreprise, vous aurez peut-être à les expliquer.
- Pensez positivement, cela se répercutera sur votre vocabulaire.
- Efforcez-vous de vous montrer optimiste, même si ce n'est pas inné en vous.
- Parlez au présent de l'indicatif plutôt qu'au futur.
- Soyez rassurant en utilisant des mots comme : « certain », « absolument », « totalement », « vraiment ». Soyez aussi rassurant par votre langage non-verbal : sourire, posture, gestes à l'appui.
- Utilisez des mots qui expriment l'empathie : « Vous avez parfaitement raison », « Je suis de votre avis », « Vous me rendez service. »

Des conseils pour une communication sans conflit

- Restez calme.
- Détachez-vous de la situation.
- Restez concis.
- Après votre exposé, laissez parler l'autre.
- Écoutez-le.
- Dites comment vous vivez la situation.
- Essayez de savoir comment l'autre se sent.
- Donnez plus d'informations si nécessaire.
- Essayez de connaître ses besoins.
- Récapitulez les points d'accord.
- Récapitulez les points de désaccord.
- Tentez d'arriver à une entente.
- Exprimez-vous sur l'évolution de la communication.
- Mentionnez votre désir d'une communication sans conflit.

Les habiletés d'un communicateur efficace

- Organiser ses pensées pour mieux les formuler.

- Avoir un objectif et savoir quels sont les résultats recherchés à la suite de cette conversation.

- Avoir une acuité sensorielle développée pour pouvoir identifier l'impact de ses paroles et saisir le moment approprié.

- Être flexible. Si l'intervention ne donne pas de résultat, accepter de changer son vocabulaire, son comportement, son attitude, ses gestes.

- Comprendre la personnalité de l'autre personne pour une négociation plus efficace.

Plan d'action individuel

Apporterez-vous des changements dans votre façon de répondre au téléphone et d'accueillir les gens en personne?

Lesquels?

_____

_____

_____

_____

_____

_____

_____

_____

_____

Quand?

Pourquoi?

Conclusion :

_____

_____

_____

_____

_____

Notes :

Notes:

Notes :

Table des matières

Ginette Salvas

En 1991, Ginette Salvas est diplômée comme consultante en étiquette et protocole de The Protocol School of Washington®. Cette certification fait suite à celle qu'elle reçue en 1982 comme consultante en image professionnelle. Quelques années plus tard, elle fonde l'École internationale d'étiquette et de protocole, dont la mission consiste à offrir une formation de qualité aux professionnels et aux gens d'affaires ainsi qu'aux personnes désireuses de mieux connaître les régles actuelles du savoir-faire.

Elle a toujours évolué dans le monde des affaires, d'où sa vaste expérience en marketing et en développement. Elle a également animé de nombreux ateliers et a agi à titre de conférencière invitée, tant au Canada qu'aux États-Unis et en France. Elle est aussi Maître PNL (Programmation Neuro Linguistique). Depuis quelques années, elle enseigne l'étiquette et le protocole aux personnes qui désirent devenir consultants(es) à leur tour. La formation se fait à distance sur le Web.

Pour joindre l'auteure :
www.ginettesalvas.com
www.etiquette-protocole.com
etiquette@ginettesalvas.com

Bibliographie

Elle est coauteure de ce livre avec Colette Hamel Richelieu :
C'est moi… ma personnalité, mon style, qui traite de l'image professionnelle et de la personnalité.

Auteure de :
L'étiquette en affaires: l'art de gérer ses affaires avec classe.
Éditions Québec-Livres.*

Le rôle de l'image de soi et du savoir-faire au bureau.
Éditions Québec-Livres.**

*Vivre et travailler en première classe...guide actuel des bonnes manières.**
Amazon

*Savoir-faire et mieux-être pour personnel administratif.** Amazon

* Disponible en format papier et électronique
** Disponible en format électronique seulement

19498796R00047

Printed in Great Britain
by Amazon